AF394831

INSPECTION DU TRAVAIL

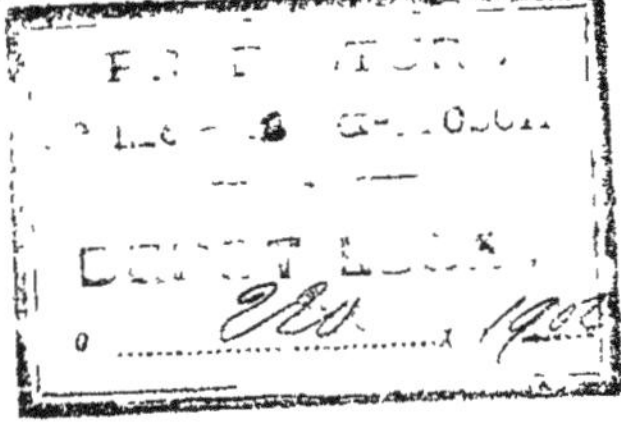

ÉLÉMENTS

DE

DROIT PÉNAL

Rédigés conformément au programme du concours

POUR L'EMPLOI D'INSPECTEUR ET D'INSPECTRICE

PAR

PAUL RAZOUS

MEMBRE DE L'INSTITUT DES ACTUAIRES FRANÇAIS
INSPECTEUR DU TRAVAIL DANS L'INDUSTRIE

BERGER-LEVRAULT & Cie, ÉDITEURS

PARIS | NANCY
5, RUE DES BEAUX-ARTS, 5 | 18, RUE DES GLACIS, 18

1902

ÉLÉMENTS DE DROIT PÉNAL

INSPECTION DU TRAVAIL

ÉLÉMENTS

DE

DROIT PÉNAL

Rédigés conformément au programme du concours

POUR L'EMPLOI D'INSPECTEUR ET D'INSPECTRICE

PAR

PAUL RAZOUS

MEMBRE DE L'INSTITUT DES ACTUAIRES FRANÇAIS

INSPECTEUR DU TRAVAIL DANS L'INDUSTRIE

BERGER-LEVRAULT & Cⁱᵉ, ÉDITEURS

PARIS | NANCY

5, RUE DES BEAUX-ARTS, 5 | 18, RUE DES GLACIS, 18

1902

AVANT-PROPOS

Frappé de la difficulté qu'éprouvent les candidats à l'emploi d'inspecteur et d'inspectrice du travail dans l'industrie de trouver sur les divers ouvrages juridiques les notions de droit pénal exigées au concours, nous avons cru bien faire en développant dans cet opuscule les diverses questions du programme.

Nous avons étudié le droit pénal et les notions d'instruction criminelle qui y sont rattachées surtout dans leurs rapports avec la Réglementation du travail, afin que le candidat, reçu inspecteur du travail, n'éprouve aucune difficulté dans l'accomplissement de ses fonctions d'officier de police judiciaire.

Les voies de recours, dont les plus fréquentes en matière d'infractions aux lois sur le travail sont l'appel et le pourvoi en cassation, ont fait l'objet d'une étude spéciale, où les délais, si importants à connaître, sont indiqués.

Nous espérons que ce petit travail rendra quelques services aux candidats ainsi qu'aux inspecteurs en exercice.

P. R.

Mars 1902.

ÉLÉMENTS

DE

DROIT PÉNAL

——>◦<◦<——

DU DÉLIT EN GÉNÉRAL

Dans son acception la plus étendue, le terme générique de *délit* désigne toute violation d'un droit. Mais ce mot est susceptible d'être employé dans un sens plus restreint, tant en droit civil qu'en droit pénal.

En droit civil, il signifie tout préjudice causé injustement à autrui. Si le préjudice est fait avec intention, on a le délit proprement dit. Lorsque le préjudice est causé injustement à autrui par suite de négligence ou d'imprudence, le délit prend le nom de *quasi-délit*. Comme exemple de quasi-délit nous citerons le fait par le chef d'une exploitation agricole de ne pas avoir recouvert les engrenages d'un manège circulaire à chevaux, engrenages dans lesquels un ouvrier attaché à l'exploitation a eu la main prise. Cet accident, qui n'est pas visé par la loi du 30 juin 1900, donne droit, en vertu de l'article 1382 du Code civil, à une réparation du préjudice causé, s'il est établi que le recouvrement préalable des engrenages eût pu éviter l'accident.

En droit pénal, dans son sens le plus large, le mot *délit* s'applique à toute violation de la loi pénale, à toute infraction donnant lieu à l'application d'un châtiment. La loi pénale comprend les prescriptions du Code pénal avec les modifications et les additions résultant de lois postérieures.

DISTINCTION DES CRIMES, DÉLITS ET CONTRAVENTIONS

Les actes punissables en vertu de la loi pénale sont distribués en trois classes : les crimes, les délits et les contraventions.

Cette division résulte du fait matériel et arbitraire de la peine.

Aux termes de l'article 1er du Code pénal, « l'infraction que les lois punissent de peines de simple police est une contravention, l'infraction que les lois punissent de peines correctionnelles est un délit, l'infraction que les lois punissent d'une peine afflictive ou infamante est un crime ».

A cette division des infractions en trois classes caractérisées par la nature de la peine, correspondent les trois catégories de tribunaux (Tribunal de simple police, Tribunal correctionnel, Cour d'assises) appelés à en faire l'application.

Énumérons maintenant les peines de simple police, les peines correctionnelles et les peines criminelles.

Peines de simple police. — Les peines de simple police sont :

1º L'emprisonnement de un à cinq jours ;

2º L'amende de 1 à 15 fr. inclusivement ;

3º La confiscation de certains objets saisis.

Lorsque le maximum de l'emprisonnement ou de l'amende édicté par la loi excède cinq jours de prison ou 15 fr., la peine appartient à la juridiction correctionnelle, encore que son minimum n'excède pas les peines de police. Tel est le cas des infractions à la loi du 9 septembre 1848 qui punit les contrevenants d'autant d'amendes de 5 à 100 fr. qu'il y a d'ouvriers indûment employés.

Les peines de simple police prononcées à la suite de procès-verbaux dressés par les fonctionnaires de l'inspection du travail sont : 1° celles prévues par les articles 26 de la loi du 2 novembre 1892 et 7 de la loi du 12 juin 1893, 14 § 1 et 31 § 1 de la loi du 9 avril 1898, 4 de la loi du 29 décembre 1900.

Peines correctionnelles. — Les peines correctionnelles sont :

1° L'emprisonnement à temps dans un lieu de correction ;

2° L'interdiction à temps de certains droits civiques, civils et de famille ;

3° L'amende.

Les lois des 2 novembre 1892 et 29 décembre 1900 ont édicté dans leurs articles 28 § 2 et 6 une peine accessoire : l'affichage du jugement et son insertion aux frais du contrevenant dans un ou plusieurs journaux du département. Cette peine n'est applicable qu'en cas de récidive.

On trouve encore dans l'article 8 de la loi du 12 juin 1893 une peine spéciale prononcée par le tribunal correctionnel : c'est la fermeture de l'établissement lorsqu'un premier jugement de condamnation pour inexécution de mesures de sécurité et de salubrité imposées par la loi a été rendu et qu'une nouvelle mise en demeure est restée sans résultat.

Les peines correctionnelles qui peuvent être prononcées à la suite de procès-verbaux dressés par les inspecteurs du travail sont celles prévues par les articles 4 de la loi du 9 septembre 1848 ; 1 à 4 de la loi du 7 décembre 1874 ; 27, 28 et 29 de la loi du 2 novembre 1892 ; 8, 9 et 12 § 1 de la loi du 12 juin 1893 ; 14 § 2 et 31 § 2 de la loi du 9 avril 1898 ; 5, 6 et 7 de la loi du 29 décembre 1900. Il faut y ajouter les peines correctionnelles prévues aux articles 211, 212, 224 et 230 du Code pénal applicables en vertu des articles 12 § 2 et 7 § 3 des lois des 12 juin 1893 et 29 décembre 1900 à ceux qui se rendent coupables des actes de résistance, outrages et violences à l'égard des inspecteurs. Ces dernières peines sont les suivantes :

Six jours à six mois d'emprisonnement dans le cas de rébellion commise par une ou deux personnes sans armes (Art. 212 du Code pénal) ;

Six mois à deux ans d'emprisonnement en cas de rébellion commise par une ou deux personnes avec armes (Art. 212 du Code pénal) et en cas de rébellion commise par une réunion de trois personnes ou plus jusqu'à vingt inclusivement, mais sans armes (Art. 211 du Code pénal) ;

Six jours à un mois d'emprisonnement, 16 à 200 fr. d'amende, ou l'une de ces deux peines seulement, en cas d'outrages envers un inspecteur (Art. 224 du Code pénal) ;

Un mois à trois ans d'emprisonnement et une amende de 16 à 500 fr. pour violences envers un inspecteur, pendant l'exercice de son ministère ou à l'occasion de cet exercice (Art. 230 du Code pénal).

Peines criminelles. — Les peines criminelles de droit commun, les seules qui nous intéressent ici, sont la mort, les travaux forcés à perpétuité, les travaux forcés à temps, la réclusion et la dégradation civique. En matière d'inspection du travail, elles sont prévues aux articles 12 § 2 de la loi du 12 juin 1893 et 7 § 3 de la loi du 29 décembre 1900. Nous empruntons à l'excellent ouvrage de M. Rouquet [1] le tableau indiquant les peines criminelles qui peuvent être encourues à l'occasion des lois sur le travail.

Mort.

Meurtre avec préméditation ou guet-apens ou pour faciliter une infraction. (*Art. 296, 302, 304 C. p.*)

Coups portés à un inspecteur dans l'exercice ou à l'occasion de l'exercice de ses fonctions, avec intention de donner la mort. (*Art. 233 C. p.*)

---

[1] Jean Rouquet, *Traité de l'inspection du travail.*

Travaux forcés à perpétuité.

Homicide volontaire. (*Art. 3o4 § 3 C. p.*)

Coups avec préméditation ou guet-apens, si la mort s'en est suivie (*Art. 3ro § r C. p.*)

Violences avec effusion de sang, blessures ou maladie, si la mort s'en est suivie dans les 4o jours. (*Art. 231 § 2 C. p.*)

Travaux forcés à temps.

Coups ou blessures volontaires qui, sans intention de donner la mort, l'ont pourtant occasionnée. (*Art. 3o9 § 4 C. p.*)

Coups avec préméditation et guet-apens, suivis de mutilation, amputation ou privation de l'usage d'un membre, cécité, perte d'un œil ou autre infirmité permanente. (*Art. 3ro § 2 C. p.*)

Rébellion par plus de 20 personnes armées. (*Art. 2ro § r C. p.*)

Réclusion.

Violences envers un inspecteur, avec effusion de sang, blessures ou maladie. (*Art. 231 § r C. p.*)

Violences même sans effusion de sang, etc., mais exercées avec préméditation ou guet-apens. (*Art. 232 C. p.*)

Coups avec préméditation ou guet-apens, s'il en est résulté une maladie ou incapacité de travail personnel pendant plus de 20 jours. (*Art. 3ro § 3 C. p.*)

Rébellion par plus de 20 personnes sans armes. (*Art. 2ro § 2 C. p.*)

Rébellion par une réunion armée de 3 personnes ou plus, jusqu'à 20 inclusivement. (*Art. 2rr C. p.*)

ACTION PUBLIQUE ET ACTION CIVILE

La violation de la loi peut porter atteinte soit à l'ordre public, soit à des intérêts particuliers, soit aux deux en même temps.

Le droit de poursuite qui tend à faire sanctionner d'une peine cette violation de la loi porte en justice le nom d'*action*.

Lorsque la transgression de la loi porte atteinte à l'ordre

public, c'est-à-dire à la société tout entière, le droit de poursuivre le coupable est exercé au nom de la société par des fonctionnaires ou agents spécialement désignés. Ce droit constitue l'*action publique*.

Lorsque la transgression de la loi occasionne un préjudice à une ou plusieurs personnes, le droit d'obtenir la réparation du préjudice causé appartient aux personnes lésées et fait l'objet de l'*action civile*.

L'action publique et l'action civile sont indépendantes l'une de l'autre. Elles peuvent être poursuivies simultanément ou séparément. L'action civile poursuivie séparément a son exercice suspendu jusqu'au prononcé définitif de l'action publique. La renonciation à l'action civile ne peut arrêter ni suspendre l'exercice de l'action publique.

L'action publique ne peut être portée que devant les tribunaux criminels (tribunaux de simple police, tribunaux de police correctionnelle, cours d'assises); l'action civile peut l'être soit devant les tribunaux criminels accessoirement à l'action publique, soit séparément devant les tribunaux civils.

L'action publique et l'action civile s'éteignent l'une et l'autre par la *prescription*.

Les délais de prescription de l'action publique sont de dix ans pour un crime emportant une peine afflictive ou infamante; de trois ans pour un délit de nature à être puni correctionnellement et d'un an pour une contravention de simple police. Ces délais courent du jour où l'infraction a été commise.

La prescription peut être interrompue par certains actes qui arrêtent son cours et font considérer le temps écoulé antérieurement à eux comme ne devant pas entrer dans les délais indiqués ci-dessus.

Parmi les actes qui interrompent la prescription en matière de crimes et de délits nous citerons les procès-verbaux émanant d'agents ayant qualité pour les dresser, l'appel envers un jugement de condamnation, l'opposition à un jugement de défaut ou le pourvoi en cassation. Ainsi le délit pour obstacle à l'accomplissement des devoirs d'un inspecteur se prescrit par un délai de trois ans à compter non pas du jour où le délit a été commis, mais du jour de la clôture du procès-verbal dressé par l'inspecteur, pourvu toutefois que ce procès-verbal soit rédigé dans le délai de trois ans, à partir du jour de l'infraction.

En matière de simple police, la prescription peut être interrompue :

1° Par un jugement de condamnation ;

2° Par l'appel formé contre ce jugement par l'inculpé ou les personnes civilement responsables ;

3° Par le pourvoi en cassation.

Il existe aussi des circonstances, telles que la démence de l'inculpé, qui empêchent d'agir le ministère public ; alors pendant tout le temps où, en raison de ces circonstances, le ministère public se sera trouvé dans l'impossibilité d'agir, la prescription sera suspendue.

POLICE JUDICIAIRE

La police judiciaire a pour but de rechercher les crimes, délits et contraventions, d'en recueillir les preuves et d'en livrer les auteurs aux tribunaux chargés de les punir.

Elle comprend les fonctionnaires ou agents auxquels la société a confié l'exercice de l'action publique. Ces fonctionnaires ou agents n'ont pas tous les mêmes pouvoirs.

Les uns (juges d'instruction, procureurs de la République, juges de paix, officiers de gendarmerie, maires et adjoints, commissaires de police, gardes champêtres et forestiers) ont été investis du droit de constater, dans la limite de leur compétence territoriale, tous les délits de droit commun et, en outre, la plupart des infractions spéciales. Ils ont été dénommés *officiers de police judiciaire* par l'article 9 du Code d'instruction criminelle et placés sous l'autorité des cours d'appel et la surveillance du procureur général.

Les autres (commissaires de surveillance administrative, inspecteurs du travail dans l'industrie, employés des contributions indirectes, des douanes, d'octroi, des postes; vérificateurs des poids et mesures, agents voyers, agents des ponts et chaussées, de la navigation, des forêts, des mines, etc.) ont été investis par des lois spéciales du droit de rechercher et de constater diverses classes de délits et de contraventions.

M. Rouquet, dans son remarquable *Traité sur l'inspection du travail*, refuse à cette seconde classe de fonctionnaires le titre d'officiers de police judiciaire et par suite les droits et prérogatives attachés à ce titre. Il les dénomme *agents spéciaux adjoints à la police judiciaire*. A l'appui de son opinion, il donne, en ce qui concerne les inspecteurs du travail, les arguments suivants :

1° Aucune disposition légale n'investit le personnel de l'inspection des fonctions d'officier de police judiciaire et ne leur octroie la faculté d'exercer le droit de réquisition, de perquisition, de saisie et d'arrestation ;

2° La loi s'est bornée à traiter les inspecteurs du travail comme d'autres officiers civils, les inspecteurs de l'enseignement par exemple, qu'elle a protégés en cas d'obstacle mis à l'exercice de leurs fonctions au moyen d'une amende, sans les admettre cependant à recourir à toute autre voie de contrainte ;

3° Le droit d'entrée, conféré aux inspecteurs du travail, dans les établissements industriels et les magasins à l'effet de procéder à une surveillance et à des enquêtes, n'a pour but que de leur assurer le libre exercice de leur mission administrative et nullement de les nantir du pouvoir de faire, comme les officiers de police judiciaire, des instructions préparatoires sur les infractions susceptibles de donner lieu à des procès-verbaux.

Voici maintenant les raisons qui nous inclinent à admettre

que, contrairement à l'opinion de M. Rouquet, les inspecteurs du travail sont officiers de police judiciaire.

D'abord l'article 9 du Code d'instruction criminelle qui énumère les officiers de police judiciaire ne pouvait comprendre dans sa nomenclature les inspecteurs du travail puisque, lors de sa rédaction, ces fonctionnaires n'existaient pas encore. Mais l'article 12 § 2 de la loi du 12 juin 1893, dont les termes sont reproduits par l'article 7 § 3 de la loi du 29 décembre 1900, revêt implicitement les inspecteurs du travail du titre d'officier de police judiciaire en édictant que : « les dispositions du Code pénal qui prévoient et répriment les outrages et violences contre les officiers de police judiciaire sont applicables à ceux qui se rendent coupables des faits de même nature à l'égard des inspecteurs ».

Le droit de *perquisition* attribué aux officiers de police judiciaire est accordé, même à un plus haut degré, aux inspecteurs du travail par les articles 20 de la loi du 2 novembre 1892, 4 de la loi du 12 juin 1893 et 2 de la loi du 29 décembre 1900 qui leur donnent entrée à toute heure dans les ateliers de l'industrie et les magasins. Ce droit de visite domiciliaire, toujours subordonné au soupçon d'une contravention, est, par ce fait, absolument comparable au droit que le Code d'instruction criminelle a accordé en cas de flagrant délit aux officiers de police judiciaire.

Dans la législation du travail, on ne trouve nulle part que les droits de *saisie* et d'*arrestation* aient été conférés aux inspecteurs, mais cela provient de ce que leurs attributions ne les mettent jamais à même d'user de ces droits ; une telle disposition était évidemment inutile.

Quant au droit de *réquisition* qui n'est explicitement formulé dans aucun texte légal ou réglementaire, il résulte forcément du droit d'entrée et se borne à assurer ce droit. L'inspecteur du travail peut donc, au même titre que les autres officiers de police judiciaire, requérir les agents de la force publique afin d'obtenir aide et main-forte dans les cas particuliers où un chef d'atelier ou de magasin lui refuserait l'entrée de son établissement. Sans ce droit le but de protection ouvrière que s'est proposé le législateur ne serait pas atteint : il suffit pour s'en rendre compte de considérer le cas d'un industriel en état de récidive et employant à nouveau, contrairement aux dispositions de la loi du 2 novembre 1892, un nombre assez élevé d'ouvrières, 500 par exemple ; au moment où l'inspecteur se présente, il est évident que si le refus de laisser pénétrer dans l'établissement n'était sanctionné que par le délit d'obstacle à l'accomplissement des devoirs de l'inspecteur, l'industriel aurait tout intérêt à refuser à l'inspecteur l'accès de ses ateliers ; en effet, dans ce dernier cas, il n'encourrait qu'une amende de 100 à 500 fr., tandis que dans le premier cas l'amende de 16 à 100 fr. prononcée par le tribunal correctionnel conformément à l'article 27 de la loi du 2 novembre 1892 serait multipliée par 500. Il y aurait donc une prime à la violation manifeste et préméditée de la loi, ce qui est inadmissible. Mais ce droit de requérir les agents de la force publique doit être limité exclusivement au besoin reconnu par l'inspecteur de vaincre un obstacle illégitime mis à son entrée dans l'établissement qu'il doit inspecter ; l'inspecteur ne pourrait, à notre avis, sans assumer une responsabilité morale assez grande, se faire assister dans la visite intérieure d'une usine ou d'un établissement de commerce par un agent de la force publique (agent de police, appariteur, sergent de ville) qui n'a pas prêté le serment spécial de ne point révéler les secrets de fabrication et les procédés d'exploitation dont il pourrait prendre connaissance.

Les fonctions des inspecteurs du travail, prétend M. Rouquet, ont surtout un *caractère administratif* et il en déduit que leur rôle limité au bon fonctionnement des établissements confiés à leur vigilance ne les nantit nullement du pouvoir de faire comme les officiers de police judiciaire des instructions préparatoires sur les infractions susceptibles de donner lieu à des procès-verbaux. Cette déduction ne nous semble pas très rigoureuse ; les maires et leurs adjoints, les commissaires de police n'ont-ils pas aussi le pouvoir de maintenir l'ordre public par certains actes administratifs et de prévenir les délits par une surveillance constante ? La faculté de verbaliser accordée aux inspecteurs du travail n'est-elle pas identique, en ce qui concerne les lois sur le travail, à celle concédée aux commissaires de police pour tous les délits ? L'instruction préparatoire sur les infractions susceptibles de donner lieu à des procès-verbaux n'est-elle pas effectuée par les inspecteurs du travail auxquels l'article 20 de la loi du 2 novembre 1892 donne explicitement le droit de se faire représenter le registre prescrit par l'article 10 de la même loi, les livrets et les règlements intérieurs ? Les explications fournies par les chefs d'établissement ou les témoins des faits contraventionnels ne doivent-elles pas, d'après les instructions générales du 19 décembre 1892, être fidèlement rapportées sur le procès-verbal ?

Admettre que les inspecteurs du travail ne sont pas officiers de police judiciaire dans la sphère de leurs attributions, entraînerait une distinction entre les procès-verbaux dressés par eux et ceux dressés par les autres officiers de police judiciaire à l'occasion des infractions aux lois sur le travail, ce qui n'est pas, puisque les articles 20 § 4 de la loi du 2 novembre 1892, 5 § 3 de la loi du 12 juin 1893 et 2 § 3 de la loi du 29 décembre 1900, disent que les dispositions desdites lois ne dérogent point aux *règles de droit commun* quant à la constatation et à la poursuite des infractions. Le paragraphe 2 de l'article 17 de la loi du 2 novembre 1892 vient encore prouver l'analogie complète des procès-verbaux dressés par les inspecteurs du travail et ceux des autres officiers de police judiciaire en chargeant les premiers, concurremment avec les commissaires de police, de l'exécution de la loi du 7 décembre 1874 relative à la protection des enfants employés dans les professions ambulantes.

En résumé, les inspecteurs du travail sont des officiers de police judiciaire dont la compétence est limitée aux lois de protection ouvrière qu'ils sont chargés de faire exécuter ;

mais leurs droits et prérogatives en cette matière sont absolument analogues aux droits et prérogatives des autres officiers de police judiciaire. Leur droit de visite et de contrôle est évidemment une fonction de police judiciaire et ils peuvent, en conséquence, pour obtenir l'entrée dans les établissements industriels et de commerce, requérir les agents de la force publique et se faire prêter main-forte par eux. La qualité d'officiers de police judiciaire a d'ailleurs été reconnue aux inspecteurs du travail par les *circulaires de M. le ministre du commerce* du 23 août 1899 sur les relations des inspecteurs avec les préfets et les sous-préfets, du 16 mai 1900 relative à l'application de la loi du 12 juin 1893 sur les chantiers de travaux publics et du 18 mai 1900 relative à l'application de la même loi aux chantiers de chargement et de déchargement de navires.

La *conduite à tenir par les officiers de police judiciaire autres que les inspecteurs du travail,* en ce qui concerne la répression des infractions aux lois protégeant les travailleurs, a été indiquée dans la circulaire ministérielle du 10 novembre 1900 adressée aux préfets, et dans la lettre ministérielle du 9 juillet 1901. Voici le fond de ces documents :

« L'article 20 de la loi du 2 novembre 1892, l'article 5 de la loi du 12 juin 1893 et l'article 2 de la loi du 29 décembre 1900 portant que les dispositions contenues dans ces lois ne dérogent point aux règles du droit commun quant à la constatation et à la poursuite des infractions à ces lois, il en résulte que tous les officiers de police judiciaire énumérés dans le Code d'instruction criminelle ont qualité pour relever, au même titre que les inspecteurs du travail, les contraventions auxdites lois. Si les pouvoirs spéciaux qui ont été conférés à ces derniers les désignent plus particulièrement pour assurer l'exécution desdites lois à l'intérieur des établissements industriels, il n'en est pas de même de la constatation des infractions à ces lois telles que les surcharges imposées aux enfants qui sont commises en dehors de ces établissements et qui ne peuvent être relevées le plus souvent que par les agents à qui incombe la police de la voie publique. (Circulaire du 10 novembre 1900.)

« Dans l'intérieur des établissements industriels le concours apporté aux inspecteurs du travail par les autres officiers de police judiciaire pourrait présenter de graves inconvénients en cas d'action non concertée. En effet, il se peut qu'un industriel, agissant dans la limite de ses droits, ait avisé l'inspecteur divisionnaire du travail de son intention de veiller (art. 1er du décret du 15 juillet 1893 modifié par celui du 26 juillet 1895) ou qu'il ait obtenu l'autorisation de faire faire douze heures de travail à son personnel ou de faire travailler le jour de repos hebdomadaire (art. 5 du même décret) ; d'autre part, l'industriel visité peut se trouver en état de récidive légale, toutes circonstances que le service de l'inspection du travail est seul à même de connaître et sur lesquelles il est absolument nécessaire d'être fixé avant de relever définitivement contravention.

« Comme il s'agit le plus souvent de flagrants délits ou de constatations urgentes, ce concert préalable est la plupart du temps impossible ; aussi la lettre ministérielle du 9 juillet 1901 invite les officiers de police judiciaire à communiquer, pour avis et avant l'envoi au parquet, à l'inspecteur divisionnaire, les procès-verbaux qu'ils auraient dressés ; l'inspecteur divisionnaire retournerait ensuite, avec son avis, les procès-verbaux communiqués. »

Procès-verbaux. — Aux termes des articles 20 § 2 de la loi du 2 novembre 1892, 5 § 1 de la loi du 12 juin 1893 et 2 § 2 de la loi du 29 décembre 1900, les contraventions sont constatées par les procès-verbaux des inspecteurs qui font foi jusqu'à preuve contraire.

Les procès-verbaux ont un double but : ils dénoncent l'infraction et ils servent de preuve.

De ce que les procès-verbaux *font foi jusqu'à preuve contraire,* il en résulte que le juge ne peut relaxer le prévenu d'une contravention constatée par un procès-verbal régulier sur les simples allégations de celui-ci et sans qu'il ait fourni une preuve contraire aux énonciations de l'acte. Cette preuve contraire ne peut être proposée par le contrevenant qu'à l'aide d'écrits tels que procès-verbaux, arrêtés, etc., ayant un caractère authentique, ou de témoignages sous serment.

Les instructions générales du 19 décembre 1892 invitent les inspecteurs à rédiger les procès-verbaux avec beaucoup de soin, à rappeler l'article de loi qui se rapporte à chaque contravention préalablement mentionnée, à donner des renseignements sommaires sur les incidents, à reproduire les explications fournies par l'industriel et, en cas de récidive, à rappeler les dates du procès-verbal et du jugement précédents.

Les lois des 2 novembre 1892, 12 juin 1893 et 29 décembre 1900 exigent que les procès-verbaux des inspecteurs soient dressés en *double exemplaire* dont l'un est envoyé au préfet du département et l'autre déposé au parquet.

Pour prévenir toute négligence dans la rédaction des procès-verbaux, les instructions ministérielles du 19 décembre 1892 prescrivent l'envoi dans les *trois jours* à l'inspecteur divisionnaire (qui lui-même en saisit, s'il y a lieu, le parquet dans la *quinzaine*) des procès-verbaux dressés par les inspecteurs départementaux.

Relativement à la *forme* du procès-verbal, les *renvois* faits doivent être sinon signés au moins *paraphés ;* les *parties raturées,* les *surcharges,* les *interlignes* doivent l'être aussi sous peine d'être tenus pour inexistants. C'est en se basant sur ces obligations édictées par l'article 78 du Code d'instruction criminelle et l'article 15 de la loi du 25 ventôse an XI que le tribunal de simple police de Thouars, saisi d'un procès-verbal de l'inspection du travail, n'a retenu dans son jugement du 1er juillet 1901 que les contraventions énoncées sur le recto de la formule imprimée du procès-verbal entre l'entête et la clôture et s'est refusé à tenir compte des contraventions consignées au verso de cette formule ; il a estimé que la partie du procès-verbal écrite au verso constituait

« un renvoi en fin d'acte » qui devait être considéré comme nul et non avenu, n'ayant été ni approuvé, ni même paraphé par l'inspecteur rédacteur du procès-verbal.

Il n'est prescrit nulle part que les procès-verbaux soient rédigés en présence des contrevenants.

Les procès-verbaux dressés par les inspecteurs doivent être *visés pour timbre* et *enregistrés* dans les *quatre jours* de leur clôture. L'enregistrement a lieu en débet. L'inspecteur qui aurait négligé de remplir cette formalité dans le délai fixé serait passible d'une amende. L'enregistrement peut être fait soit au bureau de la résidence de l'inspecteur, soit au bureau du lieu où la contravention a été constatée. Toutefois, lorsque l'inspecteur aura des doutes sur le point de savoir s'il convient ou non d'exercer des poursuites, il devra dans ce cas saisir de l'affaire l'inspecteur divisionnaire, sans clore le procès-verbal et ne le faire enregistrer que s'il est invité à y donner suite (Circulaire ministérielle du 29 septembre 1894).

Nous donnons ci-après le type d'imprimé pour procès-verbal adopté par l'Administration.

Les parquets doivent informer les inspecteurs des suites données aux procès-verbaux. A cet effet, une formule imprimée conforme au modèle ci-après est annexée à chacun des procès-verbaux transmis aux parquets.

La première partie de la formule est remplie par l'inspecteur divisionnaire qui appose sa signature au bas du bulletin. Le magistrat faisant fonctions de ministère public près le tribunal de simple police ou près le tribunal correctionnel, suivant le cas, n'a qu'à le renvoyer immédiatement après le prononcé du jugement en indiquant la date et le dispositif du jugement.

TABLEAUX.

RÉPUBLIQUE FRANÇAISE

MINISTÈRE DU COMMERCE
DE L'INDUSTRIE
DES POSTES
ET DES TÉLÉGRAPHES

Imprimé n° 17.

TRAVAIL DANS L'INDUSTRIE

SERVICE DE L'INSPECTION

CIRCONSCRIPTION

DÉPARTEMENT D

(1) Dates en toutes lettres.
(2) Nom et prénoms.
(3) Nom de la commune.
(4) Nature de l'établissement, noms et adresses des propriétaires gérants.
(5) De la loi du 2 novembre 1892 ou des règlements d'administration publique rendus pour son exécution ou des lois des 9 septembre 1848, 7 décembre 1874, 12 juin 1893, 9 avril 1898, 29 décembre 1900, etc.

Vu pour timbre et enregistrement:

A , le 190

Débet

PROCÈS-VERBAL

L'AN mil neuf cent et le (1)
du mois d , à heure
Nous (2),
Inspect départemental du travail dans
l'industrie du département d
dûment commissionné et assermenté , nous
étant transporté , muni de notre commis-
sion, à (3)
dans (4)
soumis au régime de la loi du (5)

nous avons reconnu ce qui suit :

Et comme, par ce qui précède, il a été con-
trevenu a article (5)

nous avons rédigé le présent procès-verbal pour
servir et valoir ce que de droit.
Clos et signé à , le
du mois d

VU ET APPROUVÉ :
L'Inspecteur divisionnaire,

L'INSPECT DÉPARTEMENTAL .

(Adresse.)

MINISTÈRE DU COMMERCE
DE L'INDUSTRIE
DES POSTES
ET DES TÉLÉGRAPHES

INSPECTION DU TRAVAIL

e CIRCONSCRIPTION

Imprimé n° 31.

RÉPUBLIQUE FRANÇAISE

BULLETIN A RENVOYER IMMÉDIATEMENT
APRÈS LE PRONONCÉ DU JUGEMENT

Procès-verbal n° .... transmis à M. le Procureur de la République,
à ....

Tribunal { *de simple police d*
{ *correctionnel d*

Nom et qualité du rédacteur du procès-verbal.	
Nom et prénoms du délinquant.	
Profession et demeure.	
Nature de l'infraction.	
Date du procès-verbal.	
Direction donnée à l'affaire.	
Date et dispositif du jugement.	
Observations.	

L'Inspecteur divisionnaire du travail
de la ......e Circonscription,
en résidence à ,

Pour renvoi a l'Inspecteur divisionnaire :

Le Magistrat faisant fonctions
de ministère public,

Adresse :

Instruction. — Les actes d'instruction sont ceux qui ont pour objet de rechercher les preuves de l'existence de l'infraction ou de la culpabilité de l'inculpé.

Les moyens de l'instruction sont les *témoignages des inculpés et des témoins,* les *visites des lieux,* les *expertises.*

Conformément à la jurisprudence constamment suivie par la Cour de cassation, un tribunal, alors même qu'il est saisi par un procès-verbal faisant foi jusqu'à preuve contraire (et c'est le cas des procès-verbaux dressés par les inspecteurs) a non seulement le droit, mais encore le devoir de prescrire toutes les vérifications propres à éclairer sa religion et, notamment, une expertise, si les faits constatés par ce procès-verbal ne lui paraissent pas suffisamment concluants (Lettre ministérielle du 23 octobre 1899).

La Cour suprême a reconnu à plusieurs reprises que le juge du fait ne méconnaît pas la foi due à de tels procès-verbaux, en faisant procéder à des mesures d'instruction, soit sur la demande des prévenus, soit même d'office.

La doctrine s'est prononcée dans le même sens et M. Faustin Hélie, notamment, a exprimé l'avis que la présomption de droit qui résulte du procès-verbal peut être combattue par des preuves proposées par le prévenu ou même provoquées par le juge.

A l'occasion de leurs procès-verbaux, les inspecteurs peuvent être appelés en témoignage devant les tribunaux pour renseignements sur les faits contenus dans leurs procès-verbaux ; toutefois, les instructions générales du 19 décembre 1892 et la circulaire du ministre de la justice du 5 juin 1900 prescrivent de n'avoir recours à la convocation des inspecteurs que le plus rarement possible. En cas de convocation ils reçoivent les frais de déplacement alloués aux témoins. Si ces frais sont inférieurs à ceux auxquels ils ont droit d'après le tarif des tournées d'inspection, les inspecteurs font parvenir au ministre un état spécial pour que le complément leur soit remboursé.

L'ordre dans lequel doit se faire l'instruction dans chaque

affaire est indiqué par l'article 153 du Code d'instruction criminelle.

Après l'audition des témoins, le ministère public requiert et l'inculpé propose sa défense. L'aveu de ce dernier fait suffisamment preuve contre lui.

L'inculpé peut combattre par la preuve contraire le procès-verbal qui lui est opposé et demander une vérification, une visite des lieux, une expertise.

Le ministère public doit assister, à peine de nullité, à tous les actes d'instruction et à la prononciation du jugement. Il doit avoir la parole sur tous les incidents qui s'élèvent. Son refus de conclure ne saurait exercer d'influence sur la validité du jugement, si la décision constate qu'il avait été invité à le faire.

Le juge ne doit former sa conviction que d'après l'instruction orale et contradictoire. Le débat n'est clos que par la prononciation du jugement.

Application des peines. — Pour chaque crime, délit ou contravention le Code pénal ou les lois spéciales ont fixé un *minimum* et un *maximum de peines* qui doivent servir de limites au juge chargé de les prononcer. Pourtant, si la loi autorise l'admission d'excuses ou de circonstances atténuantes, le juge peut abaisser la peine au-dessous du minimum légal.

Examinons les circonstances influant sur la fixation de la peine. Les unes appelées *circonstances aggravantes* influent dans le sens de l'aggravation de la pénalité ; les autres qui comprennent les *excuses* et les *circonstances atténuantes* influent dans le sens de l'atténuation de la pénalité.

On désigne sous le nom de circonstances aggravantes des faits accessoires qui, en se joignant au délit, en augmentent le degré de criminalité. Certaines circonstances aggravantes sont expressément prévues par la loi et donnent lieu à une augmentation de peine déterminée ; d'autres, au contraire, ne sont pas prévues et sont laissées à l'appréciation des juges qui élèvent, entre le minimum et le maximum, la peine qui aurait été dans leurs prévisions.

Les circonstances aggravantes sont dites *générales* ou *spéciales*. Les causes d'aggravation générale sont l'état de *récidive* et le cas où des fonctionnaires ou officiers publics auraient participé à des crimes ou délits qu'ils étaient chargés de surveiller ou de réprimer. Parmi les circonstances aggravantes spéciales nous citerons la préméditation, le guet-apens, l'escalade, l'effraction.

Les crimes ou délits peuvent aussi être précédés, accompagnés ou suivis de certaines circonstances capables de produire, soit une exemption, soit une diminution de peine. Lorsque ces circonstances ont été expressément prévues par la loi, elles prennent le nom d'*excuses*.

Il y a les excuses *absolutoires* et les excuses *atténuantes*. Les excuses absolutoires ont pour effet d'exempter de la peine, tout en laissant subsister la culpabilité ; dans ce cas, l'accusé n'est pas acquitté ; il est déclaré coupable, mais absous.

Les excuses *atténuantes* ont pour effet de réduire la peine. Elles se divisent en deux : excuses atténuantes *générales* et excuses atténuantes *spéciales*.

Quant aux circonstances de nature à produire une atténuation de peine, non expressément définies par la loi et laissées à l'appréciation des juges, elles constituent les *circonstances atténuantes*.

A l'application des peines se rattache le principe suivant dit du *non-cumul* des crimes et délits : « En cas de conviction de plusieurs crimes ou délits la peine la plus forte sera seule prononcée. » En un mot c'est l'absorption des peines les moins graves par la peine la plus grave.

Ce principe est pourtant inapplicable aux peines prononcées par le tribunal correctionnel, en cas de récidive pour infraction aux lois du 2 novembre 1892 et du 29 décembre 1900, dont les articles 27 § 3 et 5 § 4 portent que « En cas de pluralité de contraventions entraînant les peines de la récidive, l'amende sera appliquée autant de fois qu'il aura été relevé de nouvelles contraventions. » Pareille disposition n'existe pas dans la loi du 12 juin 1893, pour laquelle donc le principe du non-cumul peut être appliqué, en cas de récidive, par le tribunal correctionnel.

En matière de contraventions de simple police les peines sont toujours appliquées *cumulativement* et les articles 26 § 2 de la loi du 2 novembre 1892, 7 § 1er de la loi du 12 juin 1893 et 4 de la loi du 29 décembre 1900, rappellent la prohibition du cumul des peines.

Le cas de *récidive* en matière d'infractions aux lois du 2 novembre 1892 et du 29 décembre 1900 existe lorsque dans les douze mois antérieurs au fait poursuivi, le contrevenant a déjà subi une *contravention identique* (art. 27 § 2 de la loi du 2 novembre 1892 et 5 de la loi du 29 décembre 1900). Mais les conditions de récidive, telles qu'elles sont fixées par l'article 9 § 2 de la loi du 12 juin 1893, sont différentes et beaucoup plus larges que pour les infractions à la loi du 2 novembre 1892. Pour cette dernière il n'y a récidive qu'en cas de contravention identique, c'est-à-dire portant sur la même prescription, tandis qu'en ce qui concerne la loi du 12 juin 1893, la récidive existe dès que, pendant les douze mois, l'industriel a été condamné pour une violation quelconque, soit de la loi, soit des règlements d'administration publique. Le délai à faire intervenir pour savoir s'il y a récidive ou non est celui qui est compris entre la date du premier jugement et la date de la nouvelle infraction constatée par le procès-verbal.

En vertu de l'article 463 du Code pénal sur les *circonstances atténuantes,* lorsque la peine prononcée par la loi est un emprisonnement de 6 jours au moins et une amende de 500 fr. au moins, les tribunaux correctionnels peuvent réduire la peine jusqu'à 6 jours de prison et 16 fr. d'amende. Dans tous les autres cas, les juridictions compétentes peuvent réduire la peine même au-dessous de 6 jours d'emprisonnement et au-dessous de 16 fr. d'amende. Pour les condamnations prononcées en vertu de la loi du 12 juin 1893, l'article 463 est applicable dans tous les cas, soit par le juge de simple police, soit par le tribunal correctionnel, tandis que pour les lois des 2 novembre 1892 et 29 décembre 1900, l'article 463 n'est applicable que pour les infractions relevant du tribunal correctionnel. Il résulte de là que le chiffre de l'amende prononcée par le juge de paix, pour infractions à la loi du 12 juin 1893, peut être abaissée jusqu'à 1 fr., contrairement à ce qui a lieu pour les lois des 2 novembre 1892 et 29 décembre 1900, dont le taux de l'amende, en cas d'infraction jugée en simple police, ne peut être inférieure à 5 fr. A remarquer aussi que les tribunaux correctionnels peuvent appliquer, en cas de récidive aux lois du 2 novembre 1892 et du 29 décembre 1900, l'article 463 du Code pénal sur les circonstances atténuantes, mais avec la restriction suivante : que dans aucun cas l'amende pour chaque contravention ne puisse être inférieure à 5 fr.

DES JURIDICTIONS PÉNALES

En matière pénale, il y a lieu de distinguer deux sortes de juridictions :

1° Les *juridictions d'instruction ;*
2° Les *juridictions de jugement ou de répression.*

Juridictions d'instruction. — Les juridictions d'instruction ont pour mission de décider si l'inculpé devra ou ne devra pas être renvoyé devant les juridictions de jugement ; elles comprennent :

1° Les juges d'instruction ;
2° Les chambres des mises en accusation.

Juridictions de jugement ou de répression. — Les rôles de ces juridictions consistent spécialement à statuer sur la culpabilité ou non-culpabilité du prévenu et à lui appliquer la loi.

Ces juridictions comprennent :

1° Les tribunaux de simple police ;

2° Les tribunaux de police correctionnelle ;

3° Les chambres des appels de police correctionnelle ;

4° Les cours d'assises ;

5° Les tribunaux d'exception (conseils de guerre, conseils de revision, tribunaux maritimes).

Juges d'instruction. — Le juge d'instruction est seul chargé de faire les actes nécessaires à l'effet de constater le corps du délit et d'en rassembler les preuves ; mais il ne doit faire aucun acte d'instruction ou de poursuite qu'il n'ait donné connaissance de la procédure au procureur de la République, si ce n'est pour le mandat d'amener et même le mandat de dépôt. Dans le cas de crimes ou de flagrants délits, le procureur de la République est autorisé à faire les premiers actes de l'instruction.

Chambre des mises en accusation. — La chambre des mises en accusation est une section de la cour d'appel qui décide si le fait qui lui est soumis par le juge d'instruction constitue bien un crime ; elle statue au nombre de cinq membres. L'arrêt des chambres des mises en accusation indique la Cour d'assises compétente pour juger l'affaire.

Tribunaux de simple police. — Les tribunaux de simple police ont été institués pour réprimer les simples contraventions. Ils sont présidés par le juge de paix, assisté d'un greffier. Les commissaires de police y remplissent les fonctions de ministère public. Il y a un tribunal de simple police dans chaque canton.

La connaissance des contraventions de simple police est attribuée exclusivement au juge de paix du canton dans l'étendue duquel elles ont été commises.

Les infractions pouvant être jugées par les tribunaux de

simple police sont celles qui peuvent donner lieu à une amende de 15 fr. au plus par contravention commise ou à un emprisonnement de cinq jours au plus.

Tribunaux de police correctionnelle. — Le tribunal correctionnel formé au chef-lieu d'arrondissement des membres qui composent le tribunal civil juge les délits en premier ressort. Un greffier est attaché à chaque tribunal correctionnel. Le ministère public y est exercé par le procureur de la République et des substituts. Il y a un tribunal correctionnel par arrondissement.

Le tribunal correctionnel est compétent toutes les fois que la citation donnée par le ministère public relève contre le prévenu un délit contraventionnel, lequel, s'il était établi, entraînerait condamnation à une peine correctionnelle (amende au-dessus de 15 fr. et emprisonnement excédant cinq jours).

Chambre des appels de police correctionnelle. — La chambre des appels de police correctionnelle statue, au nombre de 5 juges, sur l'appel des jugements rendus par les tribunaux correctionnels. Le ministère public y est exercé par le procureur général, les avocats généraux et les substituts du procureur général.

Cours d'assises. — Les cours d'assises connaissent particulièrement des crimes et aussi des délits de presse.

Elles se composent de deux éléments : la *magistrature* et le *jury*.

Le jury est composé de 12 citoyens, chargés, sous le titre de jurés, de décider si l'accusé est coupable ou non et de statuer sur les circonstances aggravantes, les excuses et les circonstances atténuantes.

Pour être juré, il est nécessaire d'être âgé de 30 ans accomplis et de jouir de ses droits politiques, civils et de famille.

Quant aux magistrats, ils n'ont qu'à faire l'application de

la loi, conformément aux déclarations du jury, et à constater, s'il y a lieu, l'état de récidive de l'accusé.

Il est tenu des assises dans chaque département.

Dans les départements où siègent les cours d'appel, la cour d'assises est composée :

1° D'un conseiller à la cour, qui est président de la cour d'assises ;

2° De deux conseillers à la cour, qui sont assesseurs.

Dans les départements qui ne possèdent pas de cour d'appel, la cour d'assises est composée :

1° D'un conseiller à la cour du ressort, qui est président de la cour d'assises ;

2° De deux juges pris parmi les président ou juges du tribunal de première instance du lieu de la tenue des assises.

Le ministère public est exercé soit par le procureur général, soit par un des avocats généraux, soit par un des substituts du procureur général ; dans les départements où il n'y a pas de cour d'appel, les fonctions de ministère public sont remplies par le procureur de la République ou l'un.de ses substituts.

A propos de l'inspection du travail, la Cour d'assises aura bien rarement l'occasion d'être saisie. Cela ne se produira guère, dit M. Rouquet, qu'en cas de rébellion, avec ou sans armes, de plus de 20 personnes, de rébellion avec armes de 3 personnes au plus jusqu'à 20 inclusivement et de violences graves envers les inspecteurs.

Conseil de guerre. — Les conseils de guerre sont des tribunaux d'exception chargés spécialement de juger les individus placés directement sous l'autorité militaire, pour les crimes et délits du Code militaire et du droit commun.

Le militaire en congé ou en permission n'est justiciable que pour les crimes et délits du Code militaire ; pour les autres il relève de la justice civile. En cas de complicité avec des individus non justiciables des tribunaux militaires, le militaire est jugé avec ses complices par les tribunaux civils.

*

Tout conseil de guerre se compose d'un *parquet,* des *juges* et du *greffe*.

Le parquet comprend un commissaire du Gouvernement remplissant les fonctions de ministère public et un rapporteur chargé de l'instruction des affaires.

Les juges sont au nombre de 7 ; lorsqu'un officier est jugé, il ne doit pas y avoir d'officier d'un grade inférieur à lui.

Le greffe comprend un greffier et des commis greffiers qui assistent le rapporteur et tiennent les écritures du conseil.

L'appel des conseils de guerre est porté devant les *conseils de revision* qui ne jugent que sur la forme et jamais sur le fond des affaires.

Tribunaux maritimes. — Tout individu auteur ou complice de crimes ou délits, commis dans l'intérieur des ports, arsenaux et établissements de la marine, lorsque ces crimes ou délits sont de nature à compromettre la police et la sûreté de ces établissements est justiciable des tribunaux maritimes.

Tribunaux maritimes commerciaux. — Ces tribunaux connaissent des délits maritimes commis dans la marine marchande ainsi que des infractions commises par le capitaine, l'équipage ou l'armateur en cas de collision et d'abordage.

VOIES DE RECOURS

Il existe en matière pénale deux sortes de voies de recours :

1° Les *voies ordinaires* qui sont l'*opposition* et l'*appel*.

2° Les *voies extraordinaires* qui sont le *pourvoi en cassation* et la *revision*.

On peut user des premières tant que le cours des juridictions légalement établies n'est pas épuisé. Les secondes ont pour but l'appréciation non de l'affaire mais de la décision rendue, et tendent à l'annulation de celle-ci.

Pour bien comprendre la différence qui existe entre l'appel et l'opposition, il suffit de remarquer que les jugements peuvent être soit *contradictoires,* soit *par défaut.*

Les jugements sont contradictoires, lorsqu'ils sont rendus sur les conclusions lues et posées à l'audience tant par le ministère public que par le contrevenant. Ils sont réputés par défaut lorsque le prévenu ne comparaît pas ou bien, dans le cas où il se présente, s'il déclare ne pas vouloir se défendre ou s'il restreint formellement sa comparution à des conclusions d'incompétence, de prescription, etc.

D'après le Code d'instruction criminelle, la voie de l'opposition est ouverte contre les jugements par défaut et la voie de l'appel contre les jugements contradictoires.

Opposition. — L'opposition est une voie dite de *rétractation,* c'est-à-dire que celui qui en use (et pour les lois sur le travail c'est le contrevenant, puisque le ministère public ne peut jamais faire défaut) s'adresse au juge même qui a rendu la sentence et non à un juge du degré supérieur.

L'opposition au jugement de défaut emporte, de plein droit, citation à la première audience après l'expiration des délais et est réputée non avenue si l'opposant n'y comparaît pas. Le jugement rendu sur l'opposition ne peut plus être attaqué par la partie qui l'a formée, si ce n'est par la voie de l'appel.

L'opposition arrête l'exécution du jugement suspendu pendant le délai imparti pour user de cette voie de recours. Ce délai est de *cinq jours* à dater de la signification de la condamnation par défaut qui en est faite au prévenu ou à son domicile, augmenté d'*un jour par cinq myriamètres.*

Appel. — Les jugements en matière de simple police peuvent être attaqués par la voie de l'appel lorsque les amendes excèdent la somme de 5 fr. Aux termes d'un arrêt de la Cour de cassation du 18 décembre 1896, il y a lieu de totaliser les amendes pour savoir si le jugement est susceptible d'appel.

Quand le jugement est contradictoire, l'appel doit être interjeté par déclaration au greffe de la justice de paix, dans les *dix jours* au plus tard qui suivent le jugement. Lorsque le jugement est par défaut, le condamné peut négliger la voie de l'opposition et se porter immédiatement appelant d'un jugement par défaut; dans ce cas le délai de dix jours énoncé ci-dessus court seulement à compter de la *signification* du jugement.

C'est, avons-nous dit, devant le tribunal correctionnel qu'est porté l'appel des jugements rendus par les tribunaux de simple police.

L'appel des jugements rendus par les tribunaux correctionnels est porté devant la Cour d'appel, à la chambre dite des *appels de police correctionnelle*. La partie condamnée a le droit d'interjeter appel dans le délai de *dix jours* à dater de la lecture du jugement si celui-ci est contradictoire ou de la signification s'il est rendu par défaut. Le même droit appartient au ministère public. En appel, si l'une des parties le requiert, les témoins peuvent être convoqués à nouveau; il peut même en être entendu d'autres.

Le paragraphe 2 de l'article 8 de la loi du 12 juin 1893 prévoit l'appel du jugement du tribunal correctionnel ordonnant la *fermeture d'un établissement industriel*. Ce cas peut se présenter lorsque, après une condamnation en récidive prononcée par le tribunal correctionnel, les mesures de sécurité et de salubrité imposées par le service de l'inspection n'ont pas été exécutées dans le délai fixé par le jugement. La fermeture d'une usine est certes une mesure très grave et qui se produira bien rarement; le législateur l'a considérée comme s'imposant dans le cas où l'industriel se refuse à faire les travaux que la loi impose, alors surtout que le recours au ministre du commerce lui est ouvert par l'article 6 de ladite loi du 12 juin 1893. Aussi la loi réserve-t-elle

à la partie condamnée le droit d'interjeter appel ; comme il
n'y est pas parlé de délais, c'est le délai ordinaire de 10 jours
qui intervient. Ce délai est suspensif de même que l'appel
lui-même et le jugement ne peut être exécuté qu'après son
expiration ou après l'arrêt en cas d'appel. Naturellement,
seules les parties qui auront figuré en correctionnelle pour-
ront appeler ; toutefois, il importe d'observer que l'administration pourra user de ce droit, si elle a succombé, la loi
n'excluant pas ce cas et la société qu'elle représente jouant
ici le rôle de partie lésée. Il va sans dire que les autres voies
de recours restent ouvertes, la loi n'ayant prévu l'appel que
pour écarter toute interprétation étroite de sa pensée. Le
paragraphe 2 de l'article 8 ajoute que la *cour statuera
d'urgence,* c'est-à-dire dans le plus bref délai, les consé-
quences du jugement pouvant être considérables aussi bien
au point de vue de la société qu'au point de vue de l'industriel.

Lorsqu'un inspecteur constate dans une usine à la fois des
contraventions constituant la récidive et d'autres qu'il relè-
vera pour la première fois, la circulaire ministérielle du
19 décembre 1892 l'invite à réunir le tout dans un seul
procès-verbal qui sera transmis au procureur de la République. M. Bouquet, dans son *commentaire* si clair et si précis
de la loi du 2 novembre 1892 (¹), estime que le tribunal correctionnel est compétent pour statuer sur l'ensemble des
contraventions et pour appliquer aux unes des peines correctionnelles et aux autres des peines de simple police. A
l'appui de son opinion il rappelle l'article 192 du Code
d'instruction criminelle qui est ainsi conçu : « *Si le fait n'est
qu'une contravention de police, et si la partie publique ou
la partie civile n'a pas demandé le renvoi, le tribunal correctionnel appliquera la peine. Dans ce cas le jugement sera
en dernier ressort.* » On voit, par ce texte, que le tribunal

---

(1) *Le travail des enfants, des filles mineures et des femmes dans l'industrie.* Commentaire de la loi du 2 novembre 1892, par M. Louis Bouquet. Berger-Levrault et Cⁱᵉ, éditeurs.

correctionnel peut appliquer une peine de simple police
pourvu que le renvoi ne soit pas demandé par le ministère
public ; s'il est demandé par l'inculpé, ajoute M. Bouquet,
le tribunal n'a pas à en tenir compte. Mais lorsque le tribunal correctionnel statue sur une contravention de simple
police, son jugement n'est pas susceptible d'appel, malgré
la connexité de la contravention avec le délit. Ainsi la Cour
d'appel, saisie de l'appel du jugement sur un délit et une
contravention, ne peut statuer que sur le délit et non sur le
chef relatif à la contravention.

Pourvoi en cassation. — La Cour de cassation est un
tribunal suprême, siégeant à Paris, qui a pour mission de
ramener les tribunaux de France à la stricte observation
des formes et des lois et de maintenir l'unité de jurisprudence.

Elle se compose de trois chambres :

1° Chambre des requêtes ;

2° Chambre civile ;

3° Chambre criminelle.

Dans les audiences solennelles, les trois chambres se
réunissent pour statuer, tant en matière civile qu'en matière
pénale.

Les fonctions de ministère public y sont remplies par le
procureur général et les avocats généraux.

Le pourvoi en cassation n'est permis que contre les déci-
sions *définitives* et en *dernier ressort.* Les jugements et arrêts
ne peuvent être attaqués que pour *violation* ou *fausse application de la loi,* ou pour *vices de forme.* Il y a vice de forme
et par suite annulation du jugement ou de l'arrêt attaqué si
les juges n'étaient pas au nombre prescrit, s'ils n'ont pas
assisté à toutes les audiences, si la décision n'a pas été rendue publiquement, si elle n'est pas motivée, si le ministère
public n'a pas été entendu, si les témoins n'ont pas prêté
serment, si l'autorité des procès-verbaux n'a pas été observée,
s'il a été omis ou refusé de prononcer sur les demandes du
prévenu ou sur les réquisitions du ministère public.

Le délai pour se pourvoir en cassation en matière de simple police est de *trois jours francs,* comme en matière de grand criminel, aussi bien à l'égard du ministère public qu'à l'égard du prévenu. Mais ce délai imparti par l'article 373 du Code d'instruction criminelle pour se pourvoir contre un jugement contradictoire et en premier ressort commence à courir à l'expiration du délai d'appel (arrêt de la Cour de cassation du 24 février 1900). Un second arrêt du 8 juin 1901 conclut dans le même sens en déclarant non recevable le pourvoi formé par le ministère public contre un jugement de simple police qui peut encore être attaqué par la voie de l'appel. Pour les jugements par défaut, le délai du pourvoi ne court pas avant l'expiration des délais de l'opposition.

Le ministère public et les parties peuvent se pourvoir en cassation contre les jugements rendus par le tribunal correctionnel sur l'appel des jugements de simple police.

Lorsque les délais susmentionnés ont expiré, le ministre de la justice et le procureur général près la Cour de cassation ont qualité pour former un pourvoi spécial dit « *dans l'intérêt de la loi* ». C'est dans le but d'éviter la formation d'une jurisprudence interprétant la loi contrairement à la volonté du législateur. A la différence du pourvoi ordinaire, le pourvoi dans l'intérêt de la loi respecte les droits acquis aux parties par la chose jugée ; ainsi la décision attaquée avait-elle illégalement prononcé une peine, celle-ci ne sera pas, mais si le contrevenant avait été illégalement acquitté, il ne pourrait pas de nouveau être mis en jugement.

Revision. — La revision est une voie de recours dont l'usage en matière d'infractions aux lois sur le travail sera très rare.

Aux termes de l'article 443 du Code d'instruction criminelle la revision pourra être demandée en matière criminelle ou correctionnelle, quelle que soit la juridiction qui ait statué et la peine qui ait été prononcée :

1° Lorsque, après une condamnation pour homicide, des

pièces seront représentées propres à faire naître de suffisants indices sur l'existence de la prétendue victime de l'homicide;

2° Lorsque, après une condamnation pour crime ou délit, un nouvel arrêt ou jugement aura condamné, pour le même fait, un autre accusé ou prévenu, et que, les deux condamnations ne pouvant se concilier, leur contradiction sera la preuve de l'innocence de l'un ou de l'autre condamné;

3° Lorsqu'un des témoins entendu aura été, postéricurement à la condamnation, poursuivi et condamné pour faux témoignage contre l'accusé ou le prévenu.

TABLE DES MATIÈRES

Nancy, Imprimerie Berger-Levrault et Cie

PUBLICATIONS DE L'OFFICE DU TRAVAIL (*suite*).

Examen analytique du 6ᵉ rapport annuel (1890) du « Département du travail » des États-Unis d'Amérique (Industries houillère et sidérurgique). — *De l'Emploi des arlèles* et de la participation intéressée du personnel dans les chemins de fer russes. 1893. 1 volume de 93 pages . . . . **1 fr. 50 c.**

Salaires et durée du travail dans l'industrie française.
— Tome Ier. *Département de la Seine.* 1893. 1 vol. do 623 p. **7 fr. 50 c.**
— Tome II. *Industries extractives, produits alimentaires, industries chimiques, caoutchouc, papier, cuirs et peaux, textiles, dans les départements autres que celui de la Seine.* 1894. 1 vol. de 766 p. **7 fr. 50 c.**
— Tome III. *Industries du bois, tabletterie, métaux. Travail des pierres et des terres. Établissements de l'État ou des communes dans les départements autres que celui de la Seine. Entreprises de transport en commun.* 1896. 1 volume de 654 pages . . . . **7 fr. 50 c.**
— Tome IV. *Résultats généraux de l'enquête.* 1898. 1 vol. de 579 p. **6 fr.**
— *Album graphique* de 29 planches in-4, dont 19 en couleurs. 1 volume cartonné . . . . **4 fr.**
— *Manufactures de l'État et compagnies de chemins de fer.* 1896. 1 volume de 154 pages . . . . **1 fr. 50 c.**

La Petite Industrie (Salaires, durée du travail).
— Tome Ier. *L'Alimentation à Paris.* 1893. 1 vol. de 300 p. **2 fr. 50 c.**
— Tome II. *Le Vêtement à Paris.* 1896. 1 volume de 727 p. (*Épuisé.*)

Note sur le minimum de Salaire dans les travaux publics en Angleterre, en Belgique, en Hollande, en Suisse, aux États-Unis et en France. Analyse des documents officiels. 1897. 1 volume in-4 de 131 pages . . . . **2 fr.**

Les Associations ouvrières de production. 1898. (*Épuisé*) . **5 fr.**

Les Associations professionnelles ouvrières.
— Tome Ier. *Agriculture. Mines. Alimentation. Produits chimiques. Industries polygraphiques.* 1899. 1 volume de 913 pages . . . . **5 fr.**
— Tome II. *Cuirs et peaux. Industries textiles. Habillement. Ameublement, travail du bois.* 1901. 1 volume . . . . **5 fr.**

Législation ouvrière et sociale en Australie et Nouvelle-Zélande. Mission de M. Albert MÉTIN, agrégé de l'Université. 1901. 1 volume de 208 pages . . . . **1 fr. 50 c.**

Documents sur la question du Chômage. 1897. 1 volume in-4 de 400 pages (*Épuisé*) . . . . **4 fr.**

Saisie-arrêt sur les salaires. 1899. 1 volume de 162 pages . **1 fr. 50 c.**

Résultats statistiques du Recensement des industries et professions (Dénombrement général de la population du 28 mars 1896).
— Tome I. *Introduction. Région de Paris au Nord et à l'Est* (15 départements). 1899. 1 volume de 855 pages . . . . **10 fr.**
— Tome II. *Région du Sud-Est* (27 départements). 1900. 1 volume de 809 pages . . . . **10 fr.**
— Tome III. *Région de l'Ouest au Midi* (45 départements). 1900. Un volume de 743 pages . . . . **10 fr.**

Répartition des Forces motrices à vapeur et hydrauliques en 1899. Tome Ier. *Moteurs à vapeur.* 1900. 1 vol. de 209 pages. **3 fr. 50 c.**
— Tome II. *Moteurs hydrauliques.* 1901. 1 vol. de 223 p. **3 fr. 50 c.**

Bases statistiques de l'Assurance contre les accidents, d'après les résultats de l'assurance obligatoire en Allemagne et en Autriche. 1900. Un volume de 284 pages . . . . **2 fr.**

Résultats statistiques de l'Assurance obligatoire contre la maladie en Allemagne. 1 volume de 134 pages . . . . **1 fr. 50 c.**